가을 속으로

가을 속으로

| 이금자 제4 시집 |

하나로 선
사상과문학사

네 번째 시집을 엮으면서

내가 등단한 지 어느덧 29년이란 세월이 흘러가고 있다.
내년이면 30년, 30주년 기념으로 시집을 내기로 마음먹었는데 내 나이도 있고, 수술과 시술을 반복하다 보니 마음이 급해졌다.
그동안 써 놓았던 작품들을 컴퓨터에서, 시작 노트에서 찾아보고, 모자라는 작품들은 1권에서 3권까지의 시집에서 골라 이곳 4집에 함께 묶어 상재하기로 했다.
고쳐야 할 시들은 詩作노트에 담아 두었다가 몇 년 후 다섯 번째 책으로 엮어 내놓을 예정이다.
그때까지 내가 이 세상에 살아 있을지는 모르지만, 써 놓은 詩들이 많을 때는 내 자손들이 다섯 번째 冊으로 엮어 이 세상에 내놓기로 약속을 했다.

詩는 쓰면 쓸수록 어렵다. 써 놓은 詩를 수차례 읽어보고 마음에 들 때까지 조이고 당기고 비틀어 짜서 써야 된다는 고통이 따른다. 오죽하면 어떤 詩人은 詩쓰는 사람은 하늘에서 天刑을 받은 사람이라고 했을까.
이번 네 번째 시집에는 인사동 거리에서 茶를 마시며 詩를 論하고 隨筆을 평하면서, 서로 어떤 과를 전공할까 앞날에 대한 이야기도 정했는데, 여기서 나는 시를 전공하기로 마음먹었다.
교실에서 캠퍼스에서 열심히 공부했던 우리들, 詩, 小說, 隨筆, 戲曲등을 전공했던 그들의 글을 지면에서 가끔씩 읽는다.

여기 다섯 분들은 매주 교회주보 사회 문학지에 많은 글들을 발표하시는 문학으로 성공하신 분들이다.
그분들 작품이 내 책에 실린다는 것은 나에게는 큰 영광이 아닐 수 없다.

바쁘신중에도 축하의 글 써주신 최진용 목사님 감사합니다.

끝으로 사랑하는 내 동생들, 두 올케, 조카들 항상 건강하고 행복하길 바란다. 이민생활 하면서 수술과 시술을 거듭해도 웃는 얼굴로 병치레 수발 들어준 사위와 딸에게 고맙다는 말 지면으로 전한다.

3개월간의 긴 여행길에 오르신 사돈 내외분들, 행복한 여행 되시길 바랍니다.

2022년 1월

목차

네 번째 시집을 엮으면서 · 5

1부

불면증 1 · 12
불면증 2 · 13
설경 雪景 · 14
이 슬 · 15
봄이 오면 · 16
오이의 꿈 · 18
고사리 · 20
오월 말일 · 21
단풍잎 · 22
아스팔트 · 23
벽 · 24
코스모스 · 25
첫 발자국을 찾아서 · 26
그리움 · 28
낙엽을 보고 · 29
망 향 가 · 30
고향의 맛 · 31
버섯을 따다 · 32
11월 21일 일기 · 33
가을 속으로 · 34
깻잎 장아치 · 35
새해 아침 · 36
겨울비 · 38
봄날의 아침 · 39
낮에 뜬 달 · 40
가을풍경 · 41
꽃기린을 보며 · 42
첫 눈 · 44

반딧불이 · 45
엄마의 팔베개 · 46
butterfly place (나비 공원) · 47
cabbage island(양배추 섬)에 가서 · 48
가 을 비 · 49
이제서야 · 50
이방인의 하루 · 52
이방인의 사랑 · 53
주일날 · 54
염색 하는 날 · 55
외 로 움 · 56
추 석 날 · 57
봄이 왔네 · 58
봄 같은 겨울 · 59
까 치 네 · 60
세 월 · 62
군 자 란 · 64
사월 어느 날 · 65
산책길에 · 66
빈 의 자 · 68
복 수 초 · 69
해변에서 1 · 70
해변에서 2 · 71
가 을 산 · 72
웃음바다 · 73
그 시절 일기 · 74
보리수 · 76
고 독(태안에서) · 78
수 목 원 · 79
카톡 방에서 · 80
雲現宮(운현궁) · 81
경복궁 · 82

2부

식 목 일 · 86
아버지를 그리며 · 88
상록회 나들이 · 89
유년의 겨울 · 90
詩와 함께라면 · 92
행복의 조건 · 94
어느 봄 날 · 96
아카시아 꽃 피는 마을 · 97
상 처 · 98
뻐 꾹 새 · 100
새 야 · 102
가 을 · 104
바 위 · 105
추억의 강 · 106
이방인의 노래 · 108
그날의 일기 · 110
마음으로 떠나는 여행 · 112
귀뚜라미 연가 · 114
민속촌 다녀와서 · 116
함박눈 · 118
여름밤 · 120
언덕에서 · 122
내 손자야 · 123

축하글

축하의 글 · 126
인사동에서 · 129
새 시집 탄생을 축하하며 · 130
4집을 축하드리며 · 132
은 행 잎 · 134
耳順에 · 135

불면증 1

칠흑 같은 밤 잠은 안 오고
하늘의 별은 마구 쏟아져
텅 빈 가슴 밑바닥으로 내려 쌓인다

스산한 바람에 털옷을 입고
어둠이 자욱한 베란다에 나와
아직도 울고 있는 귀뚜라미 찾아
두 귀는 아파트 숲속을 헤매고 있다

묘지처럼 조용한 거리
저 아래 신작로에 한줄기 불빛
촉촉히 젖은 아스팔트에 입을 맞추며
어디를 향하여 굴러가는 것일까

녹슨 날개를 펄럭이며
우주 한 바퀴 돌다 와보니
시계는 아직도 새벽 두시 반
수면제 한두 알 먹지 말고
멀리 간 친구에게 편지나 쓰자

불면증 2

어디서부터 밀려오는 어둠일까
밤이 두려워진다

초저녁부터
눈꺼풀은 닫히고
자꾸만 잠속으로 침몰해간다

떴다 가라앉았다
헤엄쳐 다니다
언덕에 올라 선 때는 밤 11시

초롱거리는 눈망울로
하늘의 별을 딴다

별 하나
나 하나
．．．．．．．．．

밤은 깊어가고
침대에 따다 놓은 별이
수북이 쌓여만 간다

설경 雪景

둥둥둥둥
하늘 문 열리고
셀 수없이 많은 폭죽이 터집니다

천지는 향기로 진동하고
아름다운 축제의 멜로디가
울려퍼집니다

쏟아져 내리는
불꽃의 잔해
사월도 아닌데
하얗게 부서져
마구 내려 쌓입니다

내려쌓인 거리엔
순백의 색으로 눈이 부시고
향내에 취해
뛰쳐나온 사람들의 얼굴엔
행복이 가득가득 묻어 있습니다

이 슬

간밤에
아주 깊은 밤에
이상한 소리 들려
귀 기울였네
어느 여인이
숨죽여 부르는 노랫소리인가
멀리 돌 틈을 돌고 돌아 흐르는
실개천의 재잘거림인가
잠 못 들고 헤매는 소쩍새 울음인가
비파 타는 소리인가
한 많은 나그네의 피리 부는 소리인가
끊어졌다 이어지고
이어졌다 끊어지고
까만 밤을 사르며
애태우다 보니
파란 잔디 위에
담뿍 쏟아 놓은 옥구슬 구르는 소리였네

봄이 오면

두어 달 내려 쌓인
눈 동산에
햇살이 그물을 치고
한 닷새 숙성시키니
사각사각
봄이 오는 소리 들린다

멀리서 가까이서
소리 없는 속삭임에
어제보다 오늘 더 작아진 키로
쌓인 눈은 이별의 눈물을 흘리고

한 방울 두 방울 모여
질척한 거리 모퉁이에서
돌아오는 겨울에 다시 온다고
두 손 흔들며
내리막길 어디론가 사라져간다

모두 떠나버린 그 자리에
나는 호미를 들고
갖가지 푸성귀 심어

옛 동무들 모아 놓고
유년의 시절로 돌아가리라

오이의 꿈

흙담집 앞 뜰
또래들과 뒤엉켜
철없이 뛰놀던 두메산골

그곳엔
밀밭 보리밭 넘나들며
노래하는 종달새가 있고
아침 잠 깨워주는
까치가 있었지

인분 냄새 폴폴
날아다녀도
우리들은
가슴에 금꽃 달고
힘차게 뛰놀며
무럭무럭 키가 자라고 있었지

언제나
미지의 세계를 꿈꾸며
쑥쑥
가슴은 희망으로

가득 찼었지

커다란 시장에 나가
곧게 자란 우릴보고
군침 흘릴 사람들을
생각하면서
빙그레 웃기도 했었지

그러나 지금
이곳에 와보니
헛꿈 이었어
헛꿈 이었어

고사리

가도 가도 끝없는
푸른 초원 끼고 돌아
한적한 시골마을
갓길에 들어서니
아~~~~~
이 벅찬 광경을
어떻게 말을할까
어떻게 표현할까

파도처럼 몰려 와 부서졌을까
밀물로 다가와
흩뿌려 놓았을까

모퉁이 돌고 돌아
달려가는 길가에도
고사리 떼
고사리 떼

모두 다 하늘 보며 태평인데
나만 목이 쉬어
노인답지 못했다

오월 말일

손끝만 닿아도 쨍그렁하고
산산조각 날 것 같은 하늘
햇살은 무섭게 내리쬔다

열기로 가득 찬 거리
봄 인줄 알고
부풀었던 꽃 봉우리는
하룻밤 사이에
만리장성 쌓았나
깜빡 잠에서 깨어보니
피었다 진 흔적이 전쟁터 같다

오늘이 가면 내일은 유월인데
소록소록 내리던 봄비는
어디서
길을 잃고 헤매고 있을까
어디서
길을 잃고 헤매고 있을까

단풍잎

빈 틈 없이
하늘 덮어버린 나뭇잎
빨강 노랑 원색의 옷 입고
반란을 일으켰다
우와
우와~~~~
터지는 함성

내 입은 하나인데
줄줄이 새끼 쳐
수 천 수만개의 입술이
숲속을 누비고 다닌다

이 아름다움
이 기쁨
이 환희의 멜로디

가슴은 터질 것 같은데
어떻게 말을 할까
어떻게 표현 할까

아스팔트

외골진 초야에 묻혀
푸성귀나 키우고 살면
얼마나 좋았을까

재개발로 파 헤쳐진
산촌초목 오솔길은
오간데 없고
횟가루 짖이겨 바르고
팔을 베고 누워보니
낮 내내 가슴 찢기우는 중량감

자동차 경적소리
아우성치는 사람소리

슬픈 울음과 아픈 몸짓 거두고
이제 그만 한숨돌려
꿈을 꿀까 했더니
어느새 발뒤꿈치부터
밀려오는 자동차 홍수

벽

해 뜨는 나라
대한민국 등지고
짜다 냄새 물씬거리는
미국땅에 둥지 틀고 보니
사방으로 막혀 있는
말의 벽
망치로 두드리고
들어가려 해도
점점 더 두꺼워지는
언어의 장벽

코스모스

무명 시인詩人 하나 지나가는데
저마다 족두리 쓰고 나와
만국기까지 흔든다
기쁜 마음이 요동을 쳐
얼떨결에 꽃 한송이 꺾었다가
쏟아지는 함성에
고막만 터졌다

첫 발자국을 찾아서

파도가 출삭대는
바닷가 기슭
두엄처럼 웅크리고 있는
작디작은 귀틀집 십여 채

육백 여 년 전
청교도들의 고달픈 인생살이가
헤진 헝겊 조각처럼
덕지덕지 남아 있다

손을 대면 끈적한 액체가
묻어 날 것 같은 벽
때 묻은 작은 가구 두어 점
천장을 굴뚝 삼아
연기가 빠져 나갔을 구멍
까맣고 윤기 나게 번질거리고 있다

불에 그을려 익어가는
고기 냄새가 스치는 듯하다

동물의 가죽을 이불 삼아

깔고 덮고 잠을 잤을 작은 거인들
그들은 어떤 기도를 하늘에 올렸을까

그리움

어젯밤 꿈에
멈출 듯 멈출 듯
내 앞을
스쳐 지나 간 사람

언제나
가슴에
파도를 안고 사는 그사람

하얀 낮에
찾아 왔으면
얼음 동동 띄운
수박화채 한 사발
건네주었을 텐데

슬쩍 나만 보고
지나 간 사람

지금도 잊지 못해
그리운 사람

낙엽을 보고

오늘은 아침부터
천둥치듯 바람이 분다

쌓여 있던 낙엽이
튀밥처럼 튕겨져 날아올라
덮어버린 하늘은
노을빛에
곱디고운 꽃잎이고
아름다운 새떼다

망 향 가

어둠이 깔린
빈 뜰에 나와 서니
어디선가 이름 모를 풀벌레의
애달픈 노랫소리가
비애인양 슬픔인양
잔잔히 부서져
허허로운 내 가슴 위로
내려 쌓인다

아름다운 벗들과
말 몇 마디 나누다 끝도 못 맺고
쫓기듯 날아온 지 엊그제인데
나만 홀로 무인도에서
쓸쓸한 바람이 부는 무인도에서
지상의 모든 것
이부자리 펴는 이 밤에도
소금에 절인 듯
내 나라 대한민국 벗들이 그리워진다

고향의 맛

타국 생활 몇 년 만에
설레이는 마음안고
동네 입구 들어서니
찐한 젓갈 냄새 양념냄새
꿈에서도 잊지 못해
찾아 헤매던
그 맛 그 향내에 끌려
들어 간 이웃사촌 집은
품앗이로 온 낯익은 여인네들
화들짝 놀라 동동거리는 모습이
사춘기 소녀 같다
노오란 배추 잎에
갖 버무린 양념 싸서
한 쌈 한 쌈 먹으며
추켜올린 엄지손가락 두 개
입술이 빨갛게 도드라지고
속이 쓰려 와도
자꾸만 손이 가는
이 맛있는 김장김치를
언제 또 와서 먹을 수 있을까

버섯을 따다

주룩주룩 내리는
빗속을 뚫고
달려 간 곳은
사람 사는 집
가뭄에 콩나듯 한 시골
외진 등산로 한 굽이 돌아서니
굵은 그물 덮어 놓은 듯
여기 저기 뿌려져 있는 바위
헤진 천막인가 했더니
석이버섯이 누더기처럼 달려 있다

고향집 논바닥에
낟가리 쌓아 놓은 듯 해
저절로 터져 나오는 함성

사람 소리에 구경나온 사슴 두 마리
웃건 말건 처음 보는 풍경 속으로
빠져 들어가
젖어 늘어진 것들을
욕심껏 뜯어 담았다

11월 21일 일기

보스톤 외진 곳에 살다가
뉴욕 싸우나 간다는 모집 광고에
신청 했다네
관광버스 타고 다섯 시간 정도 달리다 보니
내 눈에 들어온 건 한국 간판들
반가움에 소리소리 질렀더니
사람들은 웅성거리기 시작하고
눈물은 볼을 타고 흘러 내렸네
여러 해 만에 보는 내나라 글자
서점 식당 약국 등등...
모두 다 찜질방에 들어갔지만
난 이 거리 저 거리 돌아다니며
한국 약 한국 책 멸치까지
끌고 간 캐리어에 욕심껏 담았다네
걸어다니는 사람들은 모두 한국 사람들
길 잃어버릴 일 없고,
공중에 달아 놓은 플랭카드엔
"코리안 거리"라는 현수막이 붙어 있었다네

가을 속으로

손가락 끝
쪽빛 하늘아래
단풍이 곱게
물들었다 길래
물어물어 찾아 갔더니
목까지 추켜올린
짓 푸른 옷 그대로
손님 맞을 준비도
하지 않고 있었다네

꿩 대신 닭을 보러
미국의 스위스
앞마당 스칠 때
빨간 집 하나
가슴에 안고
허탈하게 웃으며
돌아왔다네
투덜거리는
자동차를 달래가면서
허탈하게 웃으며
돌아왔다네

깻잎 장아치

아련한 향내에 끌려
찾아 간 곳은
울타리 뒤쪽 작은 텃밭이었네

이리저리 휘돌아 치느라
세월 가는 줄 몰랐는데
바늘 귀만한 꽃들이
모래알만큼 피어 있었네

손톱만 닿아도 묻어나는
시리도록 가고픈 고향의 살 내음
한 잎 한 잎 따 모아 씻어
갖은양념 켜켜이 넣어
꽃 종발에 담았다네

예쁘게 화장하고 새옷으로 갈아입고
사랑하는 이웃에게
하나씩 주고 나니
나보다 더 기쁜 얼굴로
활짝활짝 웃었다네

새해 아침

이제 막 1분이 지나갔다

설레는 마음안고
새해를 맞이한 1분
과거 속으로 묻혀가는
1분전이
아쉬운 듯 손을 흔들었다

잘 가세요
잘 있어요

열두 달 긴 날들
투정도 하고
보듬기도 하면서
함께 걸어왔는데
2021년 속으로 밀어 넣고
터벅터벅 사라져 간다

칠흑 같은 어둠 속
팡팡 쏟아져 내리는 눈을 뚫고
어디선가 아침이 밀려오면

나는 습관처럼
또 내 생활에 충실할 것이다

겨울비

소록소록 내리던 비가
오던 길 멈추고
나뭇가지에 앉아
두런두런 손놀림이 **빠릅니다**

옷 깃 여밀 새도 없이
부지런히 일을 합니다
어두워 질 때까지
쉬지 않고 일을 합니다

그러다
그러다가
눈 깜빡할 사이에
모두 사라지고
그 빈 자리엔
셀 수 없이 많은 수정으로
발을 엮어
나뭇가지에 걸어 놓았습니다
찰랑찰랑
바람이 스칠 적마다
아름다운 멜로디가 울려 퍼집니다
겨울 숲에 울려 퍼집니다

봄날의 아침

어디서부터
불어오는 봄바람일까

이밤 소리없이 다가와
창문을 흔들며 지나간다

처마끝엔 보름달 기울어가고
저만치 아침이 밀려온다

온 몸을 도금칠 한 개나리가
담장 낮은 울타리 밖에서
새벽 종을 친다

낮에 뜬 달

어젯밤 창문 열고
우리 둘이 나누었던 많은 이야기
아직도 귓전에 맴도는데

너는 한낮이 다되도록
무엇이 아쉬워서
가던 길 멈추고
내 집 언저리에
못 박힌 듯 서 있느냐

늦가을 바람이
피리 불며
덤벼들면 어쩌려고

낡아 빛바랜 모습으로
그 자리에 서서
나만 보고 있으니
나 또한 너를 보면
가슴이 아파 눈물이 난다

가을풍경

개울 건너 하늘 아래
병풍처럼 둘러 쳐진 산
눈부시게 아름다워
숨이 멎을 것 같은 가을 산

스쳐가는 바람에
도 레 미 파 솔…
곡을 붙여
노랫소리 들려주니
그 자리에 서서
현란하게 춤을 추어 댄다

요염하다
섹시하다

여기 저기 외쳐대는 환호소리에
행복실은
빨강 노랑 옆서
하늘 높이 날아오른다

꽃기린을 보며

잡다한 생각들
바람결에 날려 보내고
들어와 문을 여니
후다닥 도망치는 소리
누군가 했더니
사알짝 왔다 가는 햇님이었다

쉬었다 가라고
옷자락 붙들어도
창틀에 겨우
발 하나 올렸다가
가버리는 겨울 햇살

주인 없는 사이에
넘실넘실 왔다 갔나

빠알갛게 분 바르고
학처럼 길게 목을 늘여
하염없이
창밖을 바라보는
꽃기린?

기린꽃?
그래서 이름이 두갠가보다

첫 눈

내가 사는 지역 사람들은
겨울의 절반을
하얀 꽃 속에 묻혀 산다

덤불 위에
나무 위에
살며시 내려앉아
지나가는 바람에도 몸을 털어
아련한 향내를 뿜어낸다

들판이나 신작로에
깔아 놓은 융단 위에
금실로 수를 놓고
총 총 총 보석 박아
항시 눈이 시리다

반딧불이

칠흑 같은 밤
장승처럼 버티고선
숲 속의 검은 나무들
어둠의 골짜기 어디선가
아련히 들려오는
잊지 못할 그 목소리

금자야 금자야
무쇠가위로 잘라 놓은
깡퉁머리 금자야

울며불며 큰아버지 등에 업혀
교실에 내려서니
와르르 쏟아지는 웃음바다
앞짱구 뒷짱구 별명 하나 붙었다

앵 토라져 고향 떠난 지 언제인데
그 비밀 누설하는 이 누구일까

보일 듯 말 듯 멈추는가 했더니
저마다 호롱불 들고 나와
나를 얼싸안는다

엄마의 팔베개

우리 삼남매는 밤마다 엄마의 팔을 베고
옛날 이야기 속으로 빠져든다
달빛을 등잔불삼아 수 많은 이야기보따리를
실타래처럼 풀어놓는 우리엄마
슬플 땐 훌쩍거리고
무서운 이야기를 들려주실 땐
엄마의 품속으로 달려들어
자즈러지게 비명을 지르며
한 덩어리가 되어 발발 떨게 하셨던
이야기꾼 우리엄마
같은 이야기를 들려주셔도
언제나 처음 듣는 이야기처럼
우리를 푹 빠지게 하셨던 젊은 우리엄마
지금쯤
천국에서 아버지를 다시 만나 행복하게 사시겠지요
두 분이 그리워 이 글을 씁니다

butterfly place (나비 공원)

유리로 덮개 씌운
하우스 안에
갇혀 있는 노오란 햇살
그 속을 헤엄치듯
파르르 나는 나비 떼

옹기종기 피어 있는
작은 꽃술 위로 스치듯
입맞춤 하며 날아다닌다

사람의 손으로 길들여진
하우스 속의 작은 요정

조각 난 햇빛에 반사되는
신비롭고 아름다운
여러 색깔의 무늬가
환상의 선율을 타고
공중에서
흐느적거리며 춤을 춘다

cabbage island(양배추 섬)에 가서

에메랄드 빛
바다가 출렁이는
작은 섬 끝자락에
삼삼오오 모여 앉아
실실이 풀어내는 이야기 꽃

꽃망울 터질 적마다
화르르 쏟아지는 웃음바다

빨갛게 쪄 내온
랍스터 두 마리에
옥수수 조개 감자까지
버무려 실어 놓고
손바닥만 한
이 섬은
실성한 듯
헤실헤실 웃으며
대서양 깊은 곳으로
두둥실 떠내려 간다

웃음 가득 싣고
뒤뚱 뒤뚱 떠내려 간다

가 을 비

오늘도 어제처럼
추적추적 비가 내린다
떨어져 뒹구는 낙엽 위로
소록소록 내려 덮인다

색동 옷 입고
뛰놀던 때가 엊그제인데
발목까지 차 오른 물속에서
하염없이 흐느껴 운다

필릴리 필릴리 필릴리야

어디선가 빗속을 뚫고 들려오는
풀벌레의 애달픈 피릿소리가
공원 숲속으로
장송곡처럼 퍼져나간다

필릴리 필릴리 필릴리야
필릴리 필릴리 필릴리야

이제서야

숲속에 숨어 있는 집들이
외로움이 아니라
행복이었다는 걸
이제야 알았습니다

쌓인 눈 이불삼아
웅크린 집들이
봄을 기다리는
희망이라는 걸
이제야 알았습니다

거리마다
수백 가지 봄꽃들이
한꺼번에 쏟아져 나와
꼬리에 꼬리 물고
행진 한다는 걸
이제야 알았습니다

우수수 떨어져
뒹구는 낙엽이
슬픔이 아니라

결실이었다는 걸
이제야 알았습니다

고향의 늪에서
빠져나와
바라보는 이 세상은
이방인이 아니라
함께 살아가는
공동체라는 걸
이제야 알았습니다

이방인의 하루

긴긴 겨울 날
탁 트인 거리로
산책을 나서면
누군가 다가와 친구처럼
이야기 할 줄 알았데
동네 한 바퀴 돌고 와도
보이는 건 앙상한 나무와 나
코로나19의 횡포에
대문 꼭꼭 잠근 인적 드문 이곳
앞으로 남은 여생 어떻게 살아갈까
파 김치 된 내 고향 갈 수도 없고
언어와 생김새
모두 다른 이곳에서
어울렁 더울렁 살다 보면
코로나19도
슬금슬금 우리 곁을 떠나지 않을까

이방인의 사랑

여기는 섬

나만의 섬

섬 속의 나

꽃들의 유혹

새들의 노래

가슴으로 치미는 불기둥을
끌 수가 없네

어쩌나
어쩌나.......

주일날

찌는 듯 담금질해대는
삼복더위 속 오늘
땀방울이 송알송알
흘러내리는 주일 낮이다

코로나19 전염병 때문에
교회는 갈 수 없고
손에 든 전화기를 켜니
목사님이 먼저 나와계셨다

그 많던 성도들은
다 어디로 가고
텅 빈 예배당 안에서
카메라 렌즈를 향해
설교 하시는 목사님

흘러나오는
찬송가를 따라 부르니
오늘따라 눈물이 비오듯 한다

염색 하는 날

새처럼 발랄하고
꽃같이 아름답던 청춘은
세월의 무게를 이기지 못하고
서서히 날개를 접는다

접힌 날개 끝자락부터
노랗게 빨갛게 변해가는 황혼이
하늘 한 귀퉁이에서
서글픈 눈동자를 하고 내려다본다

한 올 두 올.....
하얀 머리카락 사이에
어쩌다 남아 있는
검은 줄 몇 가닥
놀란 마음에
숨겨 두었던 찐득한
검은 액체를 바른다

그리고
그리고는
거울 앞에 선 노인의 얼굴에
엷은 미소가 번진다

외로움

사방을 둘러봐도
보이는 건
어둠속에 서 있는 검은 나무들

갈잎 속에 숨어
자지러들게 울어대는
풀벌레 소리
귀뚜라미 소리
우수수 떨어지는 낙엽소리

모두 다 잠든 이 밤에 홀로 나와
쏟아질 듯 매달려 있는
별들을 보며
두고 온 고향 생각에 목이 메인다

추 석 날

한가위 보름달 아래
할머니를 중심으로
두레반에
모여 앉아
옛 이야기로
속을 넣고
송이 송이 빚은 송편

솔잎향 가득 배인
반달같은 송편하나 먹었더니
입안 가득
사르르 녹는 이 행복

봄이 왔네

창밖이 시끄러워
대문 열고 나가 보니
엷은 햇살 아래
펄럭이며 다가오는 바람
살짝 나온 배를 안고
울컥울컥 토악질까지 해댄다

입덧 때문일까
비틀거리며 쓰다듬는 나무들마다
방울방울 솟아오른 꽃 봉우리
터질듯 발그레하다

못 본 척 하루 이틀 지나는 사이
어느새
동이만큼 커진 배
벗나무 밑에서 몸 푸니
하늘은 온통
하얀 꽃바람이 분다

봄 같은 겨울

쌓인 눈 밑으로
졸졸졸 봄이 기어나옵니다
실오라기 하나
걸치지 않은 몸은
내장까지 환히 보입니다

눈도 손발도 없는것이
살아서 움직입니다

비탈길도 거침없이
내려갑니다

해 떨어지기 전에
바다에 가야한다고
서둘러 길 떠납니다

오늘은 2월 25일
50도 입니다

까 치 네

전봇대에 집을 짓고
대를 이어 살아온 까치가족
장난삼아 뜯어놓은 전깃줄이
빗물에 젖어 불이 붙고
동네를 암흑천지로 만들어도
우리들은 이웃으로 받아주었다

깍깍깍깍
아침잠 깨워주는
상쾌한 노랫소리에
어젯밤 일은 또 잊은 채
마을사람 모두
손잡고 노래 불렀다

어느 날
시청 직원들 사다리 타고 올라가
삼태기만한 집 허물었더니
외출에서 돌아온 까치네
울고불고 야단났다

짓고 허물고

짓고 허물고

울부짖던 어미 새
제 성질에 못이겨
꽥~ 소리 한번지르고
땅으로 떨어져 죽어버렸다

동물도 자살할 수 있다는 걸 보고 알았다

세 월

우리 집 거실에는
좀도둑이 살고 있다

집안을 발칵 뒤집고 찾아봐도
꽁꽁 숨어버려
찾을 길은 없고
애가 타는 마음에
잔주름만 늘어간다

사각 사각
갉아 먹는 소리
똑딱 똑딱
구둣발 소리

두려움에 떨어
곤두선 머릿카락은
어느새
하얗게 탈색 되어 있고

불면증에 시달리다
잠 못 들고 일어나

범인을 잡고 보니
세상에나
세상에나
세월 갉아 먹는
벽시계 초침 소리였네

군자란

가을 겨울 봄을 보낸
창틀에서 내려와
거실 안쪽 뒤주위에
자리 잡고 앉았다

미끄러질 듯 윤기 나는
짓 푸른 옷 입고
여섯 개 날개 활짝 펴
나를 보고 미소 짓는
아름다운 군자란

하루에도 몇 번씩
마주치는 눈길에
나는
첫사랑을 앓는
사춘기 소녀가 된다

사월 어느 날

불가사리처럼
유리창에 찰싹 붙어
나오라고 손짓하는 햇살
호기심에 나가보니
옷깃 여밀 새도 없이
세차게 바람이 불고 있다
천하장사도 넋을 잃게 한
엄청난 힘을 뽐내며
휙휙 날려 보내는 봄바람
심술보가 터졌나보다
엊그제 만개한 꽃들이
파도에 휩쓸려 떠내려가는
난파선처럼
나뭇가지에 매달려 울부짖고 있다
뚝뚝 떨어져나간 살점들이
언덕 밑에 모여
떨고 있는 모습
이래서 사월은
잔인한 달이라고 누군가 말했나보다

산책길에

어둠은
멍석말이로 사라지고
뽀얗게 씻고 나온 아침
그 속으로
썰물에 돌 굴러가듯
빨려들어 간다

살짝 뿌리고 간 밤비에
촉촉히 젖은 아스팔트에선
꽃내음이 나고
나는 그 향내를 맡으며
첫 발자국부터
뛸 듯이 걷는다

몇 년 만일까
허리를 세우고
당당하게 걷는 내가……

발걸음 멈추고
예수님의 이름으로
감사기도 드린다

구월의 문턱에 선
산들바람이
빙그레 웃으며 스쳐 지나간다

빈 의 자

따스한 햇살이
부챗살로 퍼진 늦가을
무심히 지나쳐 다니던 길목엔
버려진 듯
버려지지 않은
낡은 나무벤치 하나
기쁨과 슬픔과
사랑과 애환이
켜켜이 쌓여 있어
앉아 쉴 자리는 없고
누군가 써 놓은 낙서 위에
늙은 비둘기 떼
구 구 구
세월만 쪼아 먹고 있다

복 수 초

쌓인 눈 틈을 뚫고
살며시 내민 얼굴
몇 백 년 잠을 자다
환생한 선녀인가

샛노란 꽃잎이
실바람에 나풀대니
지나가던 바람꽃무리도
비몽사몽 넋 나간 듯
그 향기에 취했는가

이른 봄
멋부리고
세상구경 나왔다가
동네방네
입방아만 찧게 했네

해변에서 1

모랫벌에 나가서니
파도가 가슴에 안기며
서럽게 운다

잠도 안 자고
짜 놓은 하얀 레이스를
바다가 걷어갔고
소리소리 지르며 운다

햇살이 뒷짐지고
어슬렁거려도
머리 풀어헤치고
달려들며 운다

내가 바다의 용왕이 될 수 없는데
푹푹 넘어지며 기어올라
발목잡고 놓아주질 않는다

해변에서 2

부둣가에 내려서니
찐하게 풍겨오는 바다냄새

수십 년 돌고 돌아
타국에서 다시 만나니
코끝이 저려온다

홍두깨로 밀어 놓은 바다는
날 보고도 모르는 체
출싹거리며
십리만큼 놀러 나가고

물 빠진 갯벌에
숨지못한 조개무리
갈매기 떼 몰려와
속살 다 파 먹히고
빈 껍질만 댕그마니
넋을 잃고 나뒹군다

가 을 산

선이 굵은 바람
산허리
맴돌더니
해묵은
나무에
청사초롱
불 밝혔다

웃음바다

우리집 꽃방에 모여드는 아줌마들
입담 좋은 204호 형님이
어릴 적 고향 이야기에
손짓발짓 섞어가며
풀어놓는
찐한 지방 사투리는
만담가가 왔다가 울고 갈 재간둥이
형님의 입에서
튀어나온 말에 우리들은
일시에 배앓이로
마루바닥 뒹굴었다
구멍난 허파를 끓어안고 뒹굴었다

그 시절 일기

1968년 일기
친구와 이대입구 월성당 빵집에서
빵을 먹는데 그가 지나간다
데려다가 친구와 인사시키고
또 라면을 먹었다
내가 100원 냈다

3월 16일
그와 우이동에 갔었는데
그 사람이 46원,
내가 190원 썼다
3월 18일
용돈 400원 탔는데
그와 다 썼기 때문에
친구들과 놀러 못갔다
3월 19일
그와 소사 다녀오는데
그가 80원, 내가 22원 썼다
3월 28일
용돈 100원 또 받았는데
정릉에 놀러가서 내가 80원

그가 160원 썼다

4월 1일

그와 어슬렁거리고 돌아다니다

엄마 아버지에게 들켜

호되게 야단 맞았다

학교는 안 가고 연애질만 한다고

아버지가 회초리 가지고 오셔서

2층에서 뛰어내려

이모네 집으로 도망갔다

5월 23일

아버지 친구분의 소개로 난생 첫 직장을 잡았다

서대문에 있는 "동양극장" 근처

"안" 변호사 사무실에 근무한다

1969년 3월 22일

그가 투피스 맞춰 입으라고 1500원을 줬다

예쁜 투피스 맞춰 입어야지~~~~

* 나중에 이 사람은 내 남편이 됐다.

보리수

〈성문 앞 우물곁에 서 있는 보리수
나는 그 그늘아래 단꿈을 보았네
……………………………
그대여 여기 와서 안식을 찾아라〉

쨍 쨍 쨍 깨어질 듯
담금질 해대는 가을 햇살 뚫고
나는 너를 만나기 위해
입속 가득 너의 이름을 부르며
설레는 마음으로
머-ㄴ길을 달려왔다네

초록빛 잎새 사이로
자지러질 듯 한 새소리
살그머니 목덜미 간지럼 태우고
달아나는 바람꽃무리
풀꽃들의 춤사위 헤치고
저만치 수줍은 듯 서 있는
너를 만났네

풍당풍당 뛰는 내 마음도 모른 채

은빛 타월 푹 눌러 쓰고 있는 너
얼마만큼 세월자락 헹궈내면
붉디붉은 너의 볼을 볼 수 있을까

질펀한 들판에서
아쉬운 이별하고
스쳐가듯 가끔은
너의 이야기하며 살련다

(Halibut 주립공원에서 보리수 열매를 보여주기 위해 먼 길 달려 와 주신
사돈어른 내외분 감사합니다)

고 독(태안에서)

모든 것이 낯선 허름한 집
찌그러진 마루 한 켠
오두막 같은 방안
파도가 휩쓸고 간 빈 자리에
무서리 내려 쌓이고
이방인은 오늘도
차디찬 이불 속에
홀로 몸을 뎁힌다

바람도 날짐승도
외롭다고 가버린 섬
희미한 등불 밑에
까만 밤을 태우다
마른 입술로 정차장을 향해
무딘 발걸음 옮긴다

수 목 원

광릉내로 달려가는
가리마 길엔
조선왕조 오백 년을 종군하는
충직한 나무들의 행렬
차창 밖으로 봄이 익어가는 소리

솔바람 아련한 향에 취해
세조 마른기침 하는 듯 하고
그리움으로 풀어내지 못하는 연못에는
창포가 오월을 부른다

禁罰法(금벌법) 내려진
주엽산 골짜기에
어둠이 넘실대면
풍경소리만 댕그렁
한 맺힌 혼불 태운다

카톡 방에서

해 뜨는 나라
동쪽에서
날아온 사진 한 장
호기심에
살짝 눌렀더니
쏟아져 나오는
샛빨간 단풍잎

머리까지 뒤집어 쓴
나무들의 춤사위는
양재동 시민의 숲
십일월 셋째 날
활활 타오르는
축제의 불꽃이다

雲現宮(운현궁)

풀어헤친 솟을 대문
혼돈의 발자국이 넘나들고
숲을 잃은 호랑이의
전설만이 맴을 돈다

오백 년
융성했던 왕가의 옛 터전은
참새떼가 쪼아 먹고
돌뿌리엔
이끼들이 저마다 일어선다

왜내나는 잿빛 건물
뒷 뜨락엔
아직도 남아있는
그 분에 蘭(난 그리던) 치던 방
흥선 대원군의 방

경복궁

솔내음 아련한 백악산에
창을 내고
너른 마당 양지쪽에
다리 펴고 앉았다

근정전 처마밑 단청에 서린 혼
문무관의 절개는
뜨락에
망부석 되어 몇 세기나 보냈을까

어머니 가슴에 선연히 흐르는 피
화강석 담을 넘어
솟구치는 불기둥

전설을 삼켜 체한 연못은
잡티 낀 얼굴로
뒤척일 줄 모르고
성루에 풍경소리
종일토록 우짖는다

오문 앞 사거리
朝石(조석)으로 울린 종
언제쯤
해태의 몸에 피가 돌아
만신같이 입을 열까

식 목 일

나는 지금 가위를 들고 있다
버릇없는 고구마 넝쿨의 너풀대는 옷자락이며
빗질 안 한 헝클어진 머리카락을
잘라버리기 위해서다

성벽 같은 소쿠리를
몰래 타고 넘어
TV채널을 이리저리 돌려 고장 냈고
밤낮 가리지 않고
전축을 틀어 소음 공해와 안면방해
가계에 부담을 주었기 때문만은 아니다

호기심 많은 아이처럼
이것저것 들추다
천 권이 넘는 책을 탐독하더니
영문학 사학년 교재까지 읽어버렸다

허머언 멜빌 작 원서 '모비딕'을
줄줄이 읽는 고구마 넝쿨은 천재다

사월의 햇살이 따스한 날
난
질투심에 가위를 들지 않을 수가 없었다

아버지를 그리며

실향민 생활 40여 년
마음은 늘 멍든상태로 응어리져
허허로운 마음 망향제에
통일되길 기원하시던 분
어이 한 못 푸시고
뇌출혈로 떠나셨나요

심장에 고동 멎고
땅은 뒤집혀
온 천지가 모진 회오리바람에
꺽이고 잘리운 듯
우린 그렇게 맞이했습니다

동지 섣달 다듬이돌보다
더 차디차던 뺨
언제 다시 피가 돌아
우리 앞에 서 계시겠습니까

때 이른 제비 한 마리
빙~~~한 바퀴 돌고 나갈 때
우린 곧 아버지인 줄 알았습니다

상록회 나들이

외진 길 돌고 돌아
들썩이며 가는 버스

오랜 이민생활
한 겹씩 벗어놓는
구슬픈 옛 노랫가락에
옹이진 아픔이 저리도록 서려 있다

내 청춘 어디 갔어?
소리 지르던 아주머니
시린 가슴으로
낯가림도 심했을 이곳에서
어찌어찌 살았을까

상상을 하다 보니
울컥 올라오는 뜨거운 김

얼떨결에 따라온 나를
기여코 울려놓았다

유년의 겨울

꽁꽁 언 빙판에서
지치도록 뛰놀다가
칼바람 한짐 지고 들어와
아랫목에 풀어놓고

호랑이보다 무서운
아버지 눈을 피해
쌍심지 북돋은
등잔 밑으로 기어가
우리는
어설프게 책장을 넘긴다

입으로 매를 치는 우리엄마
곶감보다 더 무서운 우리엄마
내 머리 끌어다
무릎에 얹혀놓고
참빗으로 머리 이 잡으며
퍼붓는 욕 바가지

배 터지개 욕을 먹고도
왜 그리 우스운지

젊은 엄마와 나는
배꼽이 아프도록 구르며 웃었다

詩와 함께라면

오늘 난 또 너와 씨름을 한다

가슴 치고 머리 쥐어 뜯고
나는 너를 이기려하고
너도 나를 이기려하고
승부가 나지 않는 싸움에
지켜보던 달이 저만치 사라져 가고
새벽이 밝아온다

푸른 초원을
높은 하늘을
아득한 옛날
미래의 공간을
쉼 없이 달릴 수 있는
즐거움을 준 네가 있어
언제나 행복했었다
너로 인하여
네가 펼쳐놓은 글밭에
꽃 피고 열매 맺을 때
흘렸던 눈물
그 감동의 늪에

다시 한 번 빠질 수 있다면
나는 너를 업고 백리는 뛸 텐데

행복의 조건

가슴에 "할머니"라는 이름표를
달고 있으니 얼마나 행복한가

내 손 뿌리치고
친할머니 손에 매달려도
예쁘기만 하니
얼마나 행복한가

눈동자만 마주쳐도
옹알이 하는 손녀를
마음껏 안아줄 수 있으니
얼마나 행복한가

파란 잔디 위에서
뛰어 놀 남매를 생각하니
얼마나 행복한가

훗날
어엿한 신사 숙녀로서
자기 몫을 다 해 낼 것을
생각하니 얼마나 행복한가

시간과 달력이 필요 없으니
얼마나 행복한가

구석구석 웃음이 가득하니
얼마나 행복한가

어느 봄 날

햇살이 넘실대는
언덕에 올라
닫혔던 마음에 빗장을 열면
밀물처럼 쏟아져 들어오는
봄바람의 향기
두 팔 활짝 열어 끌어안으니
메말랐던 마음 속
깊은 곳까지
연분홍 진달래꽃 가득 피었다

퐁퐁퐁 솟아오르는 힘
뛰쳐나가고픈 요동
까닭없이 울렁거림은
먼 옛날
바람처럼 가버린 사춘기
그 사춘기가
길을 잃고
내 안에 들어와
이렇게 파도를 치고 있다

아카시아 꽃 피는 마을

앞산 뒷산
개울가에 뚝 길에
꽃구름 내려와
포장을 치고
나팔 불듯 뿜어내는
서릿발 같은 향기
거리마다 골목마다
발길에 채여
두 팔 휘 저어
길을 터 나갈 때면
비 맞은 생쥐처럼
속옷까지 향내에 젖어 버린다

상 처

아름답고 황홀해서
눈물이 날 것 같던 벚꽃이
그날은 유별나게
꽃잎이 눈처럼 휘날리며
떨어져 내렸습니다

길바닥이 온통 하얗게 덮였는데도
사람들은 질경질경 밟으면서
무심히 지나쳐버립니다

밟힌 곳에선
찐득한 액체가 번져나옵니다

알알이 쓸어 모아 꿰매 주고 싶은
풍선 같던 젊은 시절

그러나 이제는
꽃도 지고
초록도 가고
활기차게 돌아가던
필름도 자꾸만 끊기고

셋 여섯 파뿌리는 늘어만 가고

그리움이 미움으로
미움이 그리움으로
그리움이 미움으로
미움이 다시 그리움으로
망각의 둘레를 떠돌다
어느 날
내 육신이 흔적도 없이 사라진다면
그때서야 찢어진 곳 아물겠지요

뻐 꾹 새

아카시아 꽃 만발한
봄이 오면
태고의 정적을 깨고
울창한 숲 언저리로
동네 지붕 위로
파르르 날며 우짖는 새

남의 둥지에
던져놓은 알 하나
온기로 품을 수는 없어도
목소리로 정을 쌓아가는 새

뻐꾹 뻐꾹
네 부모 여기 있다
빨리 커서 사알짝 날아가자

마법에 걸린 듯
혼을 담아
토해내는 신비의 소리가
길도 방향도 없는
허공으로 퍼져나가

마을엔
웃음꽃 만발하다

새 야

가죽 옷 입고도
춥다고 칭얼대는
전선줄 위에서
가슴에 머리를 틀어박고
깊은 시름에 빠져 있는
이름 모를 새

겨울이 코 앞에 왔는데
어쩌다 짝을 잃고
둥지마저 잃고
황량한 들판에서
홀로 밤을 새우나

서너 채 촌가(村家)에 불이 꺼지면
하늘까지 역류할 먹물은 어쩌려고
조그만 배 한 척 준비도 없이
그저 그렇게
깊고 깊은 수렁으로 빠져 들건 가

두꺼운 외투를 입고
내려다보는 별들의 눈빛도

지나가던 바람이 꼬집고 놀려도
마이실린보다 더 쓴 고독에 묻혀
돌멩이처럼 감각이 없구나

가 을

옥을 갈아 빚어 낸
티끌 하나 없는 광야

바닷물 이주시킨
끝없는 수평선

쪽빛 하늘 한 귀퉁이 숭덩 잘라
옷 한 벌 곱게 지어 입고
파란 벗과 함께
뱃놀이나 가볼까

어야디야 노를 저어
물보라를 일으켜서
무지개 동산 만들어 놓고
사랑타령이나 해볼까

활활 타는 앞산이 보이게끔
입맞춤도 해가면서

바 위

햇살은 벌 떼처럼
쏟아져 내리고
바다는 끊임없이
보석을 캐내고 있다

찬란한 수평선에
눈을 베어도
콧속을 파고드는
비릿한 내음에 취해
해질녘까지
바다만 바라보다가
바라보다가
섬 지킴이 되었다

추억의 강

이렇게 추운 날 밤이면
사랑방에 모여드는 동네 사람들
풀어놓은 이야기보따리
벌겋게 익어가고 있었네

가으내 앞산에서
긁어모은 가랑잎
서너 삼태기 군불 지피고
꽁꽁 언 김치 한 양푼
찬밥 한 양푼 디밀었더니
어느새
도란도란 행복 긁는 소리

바닥난 그릇에
소복소복 쌓이는 이야기
차곡차곡 탑 쌓는 새끼줄

까만 밤을 하얗게 태우고도
남은 짚단
손바닥이 아프도록 꼰
새끼줄은

읍내 장날
달구지에 설빔으로 바뀌어 돌아왔다네

이방인의 노래

사람과 사람끼리
비벼대며 살다가
고향 떠난 낯선 곳에
날개 접은 새 되었다

할 일 많던 손과 발은 언제나 공휴일
발은 아직도 건강한데
찾아갈 곳 하나 없고
정담 나눌 사람 없어
하나 남은 입마저 조개처럼 닫아버렸다

텅 빈 가슴속엔 찬바람 일고
사공 없는 조각배는
망망대해를 하염없이 흘러만 간다

쓸쓸한 저녁
삼십여 분 산책길에
만난 사람 겨우 세 명
반가워 손 흔들었더니
오랜 세월 몸에 밴 인사 Hi...?

그림자 길게 늘이고
스쳐 가는 사람들 뒷모습에도
나는 왜 가슴이 먹먹해질까

그날의 일기

꽃구름 만개한
초가을 어느 날
벌떼처럼 쏟아져 내리는
햇살을 뚫고
선착장 빠져 나온 배는
온 몸을 흔들며 달려갑니다

대패로 깎아 놓은 듯한
바다가 놀래
하얗게 거품 물고
뱃전에 몸을 비벼대며
끌려갑니다
죽을둥살둥 끌려갑니다

까맣게 눈 부릅뜬 바다가 무서워 기도 합니다
고래는 못 봐도 괜찮으니
무사히 집까지 데려다 달라고
하나님 옷자락 붙들고 매달렸습니다
바람은 머릿카락을
뽑아 갔고
구슬만 한 물방울이

내 볼에 구멍을 내고
날아갔습니다

우 우
대서양 검푸른 바다 위에
배는 멈춰 섰고
집 채 만 한 고래 몇 마리
물기둥 뿜어 올리며
우릴 환영 합니다

우리는 고래를 보러 왔고
고래는 신기한 듯
우리들을
올려다보고 있습니다

마음으로 떠나는 여행

일곱 번째 돌다리 건너
밀밭 보리밭 고랑도 지나
여우가 둔갑한다는 골짜구니

수양버들 늘어진
우물가에 앉아
머리 이 잡던 아주머니
그 아주머니가 쪄준 고구마 생각이 난다

겹겹 산자락
찌그러진 초가집에
찾아간 서울 손님 앞에는
쪽 떨어지고 허물 벗겨진 밥상 위에
때 끼고 깨져 꿰멘 바가지에
소복히 담아 올린 고구마

푸른 보시기에 풋김치가 전부인
지지리도 융통성 없던
젊은 아주머니는
지금도 그곳에 살고 계실까

질겁해서 앙앙 울던 소녀는
초로의 늙은이가 되어
옛 생각을 더듬으며 가방을 싼다

귀뚜라미 연가

잠이 오지 않을 때는
창문을 열고
두 귀를 풀밭에 풀어 놓는다
검은 천막 속에서
고삐 풀린 망아지처럼
어둠을 갈가리 찢어놓고
밤마다 고성방가로
마을을 발칵 뒤집어놓는 아우성

놀란 가슴으로
집집마다 등불을 켠다

희뿌옇게 다가오는 새벽
아직도 끝나지 않은 통곡소리
애절한 사랑의 가슴앓이는
가을이 가기 전에
무서리 내리기 전에
청사초롱 등 밝힐 수 있을까

촉촉히 내리는 새벽 비를 맞으며
기약 없는 연인을 향하여

슬프디슬픈 목소리로
사랑의 세레나데를 부르고 있다

민속촌 다녀와서

쌍심지 아까워
외 심지로 밝힌
희미한 등잔 밑

활처럼 굽은 등에
야윈 손의 할머니는
쓰르륵 쓰르륵
동짓달 긴긴밤을
물레로 감아낸다

툭툭 떨어지는 목화씨 속에
고달픈 인생살이
시름시름 묻어 놓고
어금니 빠진 합죽볼로
오물오물 뱉어내는
청승 가락도
물레와 함께 감겨 돈다

빛바랜 수건 쓴 저 노인
새댁적 꿈은 어떠했을까

가버린 세월을 풀어감는
할머니의 물레 소리

함박눈

한 보름 찡그린 얼굴로 굼실대더니
이제 산고의 고통이 끝났나보다

흑진주 빛 하늘 문 열리고
불꽃 놀이한다
불꽃 놀이한다
펑펑
펑펑.......

까마득히 먼 하늘로부터
퍼붓듯 쏟아져 내리는 성급함

헐레벌떡 뛰어오는 저 몸짓은
잃어버린 무언가를 찾으려는 듯
사방을 두리번거린다

무엇을 찾으려는 걸까
누굴 찾아오는 걸까
혹시
가버린 첫사랑 못 잊어
저리도 허겁지겁 달려오는 걸까

서둘러 내려오다 다칠까 봐
두 팔 활짝 펴서 받아내려고
이렇게 마중 나와 서 있다

여름밤

소낙비 그치던 밤
칠흑 같은 어둠 속 어디선가
힘차게 굴러가는
기차 바퀴처럼
뒤엉켜 울고 있는
개구리 울음 소리에
잊었던 옛 추억이 다시 살아나
유년의 시절로 달려갑니다

손톱만한 왕소금 한 웅큼에
성냥만 있으면
들판에 흐드러진 개구리 잡아
벌겋게 허물벗긴 다리를 구워
뼈까지 아작아작 씹어 먹으면
그 이상 행복은 없었답니다

도시생활 몇 십 년 여행을 하다
이제 다시
고향 같은 마을에 뿌리 내리고
들어보는 밤의 향연은
타악기 관악기 현악기가

어우러진
오케스트라입니다

언덕에서

꿈을 꾸면 손짓하는
동무들 보고싶어
간다간다 하면서
보낸 삼십 년

나이 들어
옛 동산에 올라 보니
박 넝쿨 올리던 초가집
빠알간 신작로
소달구지 얻어 타고
학교 가던 까까머리 단발머리
짤랑짤랑 필통 소리
버들피리소리
간데없고
참새들의 입방아소리만
들판에 가득하다

내 손자야

아가야
아가야
예쁜 내 손자야
창밖을 보렴
활짝 펼쳐진 청자 빛 하늘도
연시감보다 더 붉은 햇살도
빼곡히 들어앉은 나무들이며
새들도 꽃들도
이 세상에 태어난 너를
환영하기 위해
우뢰와 같은 박수를 보내고 있단다

너는 아빠의 손에 탯줄을
끊기면서
의사의 손가락을 물었고
간호사 옷에 오줌 대포를 쏘며
큰 소리로
울음을 터트리면서

"나 이 세상에 태어났습니다"

라고 신고식을 했단다

최진용

축하의 글

　시인의 시를 읽을 때 함께 떠오르는 시편이 있을 때가 있습니다. 이금자 시인의 〈빈 의자〉라는 시를 읽으며, 정현종 시인의 〈인사〉라는 시가 떠올랐습니다. "모든 인사는 시이다./ 그것이/ 정답고/ 맑은 것이라면./ 실은/ 시가/ 세상일들과/ 사물과/ 마음들에/ 인사를 건네는 것이라면/ 모든 시는 인사이다." 사물 혹은 사람들에 인사를 건넨다는 것은 가던 길을 멈추고 그 앞에 서는 것입니다. 지나쳐 버릴 수 있는 사물에 눈길을 건네는 것이 인사이고, 무심하게 비껴갈 수 있는 사람에게 마음과 눈빛을 건네는 것이 인사입니다. 길목에 놓인 '빈 의자' 앞에 멈추어 시인은 '빈 의자'에게 인사를 건네며 노래합니다. "무심히 지나쳐 다니던 길목엔/ 버려진 듯/ 버려지지 않은/ 낡은 나무벤치 하나/ 기쁨과 슬픔과/ 사랑과 애환이/ 켜켜이 쌓여 있어/ 앉아 쉴 자리는 없고/ 누군가 써 놓은 낙서 위에/ 늙은 비둘기 떼/ 구 구 구/ 세월만 쪼아 먹고 있다." 낡은 나무벤치처럼 우리 인생도 세월 따라 낡아가기에, 시인은 길목에 놓인 낡은 나무벤치에서 우리 인생의 모습을 보았던 것 같습니다. 시인은 '버려진 듯 버려지지 않은' 빈 의자에 서려 있는 삶의 애환을 보며, '기쁨과 슬픔, 그리고 사랑과 애환이 빈 의자에 켜켜이 쌓여 있다'고 말합니다. 인생의 높낮이를 다양하게 경험했을 시인의 삶에서 우러나오는 시적 통찰로부터 우리는 삶에 켜켜이 쌓여 있는 삶의 애환들, 곧 기쁨과 사랑만으로는 전부 설명되지 않는 인생의 다양한 순간들을 떠올리게 됩니다. 우리 삶에는 기쁨과 슬픔, 그리고 사랑과 아픔이 짝을 이루어 〈인생〉이라는 〈삶의 결〉이 만들어지는 것임을, 〈빈 의자〉에게 건네는 시인의 〈인사〉로 부터 깨닫게 됩니다.

  등단 29년을 맞이하는 이금자 시인의 네 번째 시집을 축하합니다. 순수하고, 진솔한 언어로 세상과 사물에 인사를 건네 온 이금자 시인이 등단 30년을 앞두고 낸 시집 속에서 독자들이 '반갑고', '정답고', '맑은' 인사를 서로서로 나누기를 기대합니다. 시인의 '시선'과 '마음'이 닿는 곳을 따라 함께 걷는 것은 하나의 여행과 같습니다. 〈행복의 조건〉이라는 시를 읽으며, 시인과 함께 옹알이하는 손녀와 사랑의 인사를 나누는 '할머니'가 되는 행복한 여행을 할 수 있습니다. 또한 이민자의 삶을 살고 있는 사람은 누구나가 공감하는 정서를 대변해 주는 시인의 〈이방인의 노래〉를 읽으며, 이민생활 속에 느끼는 쓸쓸함과 고독함 속으로 여행하는 기회를 얻을 수 있습니다. 이민자라면 누구나 경험했을 그 쓸쓸함과 외로움, 혹은 고독함이 시인의 시에서 언어화됩니다: "사람과 사람끼리/ 비벼대며 살다가/ 고향 떠난 낯선 곳에/ 날개 접은 새 되었다/ 할 일 많던 손과 발은 언제나 공휴일/ 발은 아직도 건강한데/ 찾아갈 곳 하나 없고/ 정담 나눌 사람 없어/ 하나 남은 입마저 조개처럼 닫아버렸다." 시인은 울고 싶을 때 울 자리를 마련해 주고, 노래하고 싶을 때 노래할 자리를 만들어 주는 사람들입니다. 우리가 살아가는 삶의 모습과 경험들을 소박한 언어로 형상화해준 이금자 시인의 시 덕분에 우리는 울고 싶을 때 부를 〈비가 悲歌〉를 얻었고, 행복과 사랑에 젖었을 때 부를 〈연가/사랑노래 戀歌〉를 얻었습니다. 앞으로 시인이 새롭게 써 내려갈 또 다른 시들을 기대합니다. 사물과 사람에게 시인이 나눌 인사 속에서 행복과 사랑의 꽃이 맑고 아름답게 피어날 것을 또한 기대합니다. 다시 한 번 이금자 시인의 네 번째 시집 출간을 축하합니다.

최 진 용 목사

오난숙

인사동에서

육인방이 떴다하면
인사동이 환했다

물찬 제비가 되어
훨훨 나르는
그女의 함박꽃 같은
웃음이 있었기에

해도
해도
끝이 없는 이야기들 속에서
우리는
울고 웃을 수 있었는데

이제 그녀가
먼 미국으로 이민을 떠난 지금
한쪽 귀퉁이 무너져 내리는 소리보다
날밤 새는
내 한숨 소리가 더 크게 들린다

오 난 숙 시인 (이야기할머니 시 낭송가)

김현옥

새 시집 탄생을 축하하며

너나없이 나란
존재 없으면 있지도
않을 긴 세상 길에서

웃다가 울음이
터져도 멈출 수 없이
가야만 하는 삶의 길

누가 얼마나 더
무거운 짐 지고 가는지
눈으로는
아무도 볼 수 없는데

연따라 이어지고
갈래지는 황혼이 삶
낯설고 먼 이국땅에서

강한 인내로
버팀목해 온 일상
하나하나에
자기만의 감성을 담아

발자국을 형형색색
씨줄과 날줄로 엮어낸
그녀의 맑은 시가

태평양 건너 멀리
고국으로 날아와 이 아침
사람의 가슴을 흔드는
생명으로 사붓거립니다

김 현 옥 시인, 수필가 (전 안동시장 2선 부인)

한숙희

4집을 축하드리며

금자 詩人을 만난 지는 어느덧 석 삼년이 훌쩍 지나갔습니다.
D 대학에서 시 창작 강의를 수강할 때만해도 작고 아담한 체구에 늘 생글생글 웃는 모습이 퍽 인상적이었습니다.

우리는 문예창작과였기때문에 항상 같이 붙어 다니며 공부를 했는데 2학기부터는 수필론과 시 창작반에서 반대표를 했고, 수업 시간에는 교수님에게 항상 박카스와 알약을 교탁에 놓아드리곤 했습니다. 가끔씩 우리들에게도 박카스를 돌렸던 기억이 새롭습니다.

숙제도, 詩 隨筆 쓰기도 열심히 하셨고, 詩語 선택도 뛰어난 능력으로….
나는 감히 상상할 수 없는, 톡톡 튀는 매끄러운 시어로, 담당 교수님이었던, 지금은 작고하신 K 교수님께서 극찬하셨던 기억도 새롭게 납니다.
지금도 그렇지만 그 시절에도 솔직 담백하고 꾸밈없고 발랄하셨지요.

어느새 4집, 여러 만감이 교차하는 동안 타국에서도 글쓰기를 꾸준히 쉬지 않고 지금까지 써 오신 열정과 정렬이 한국까지 뿜어져오는 느낌입니다.

끝으로 어느 곳에서나 건강하시고 행복하시고
큰 문운이 함께 하시길 기도드립니다.

한 숙 희 시인, 수필가 (월간행복한 사람들) 편집장

마성희

은 행 잎

젊은날의 일기장에
수년동안 갇혀있는
노란 은행잎
그땐 무슨 마음으로
은행잎을 주웠을까?

여린 입술로 뱉어냈던
독백들
그땐 왜 그리
생각들이 많았을까?

꽃보다 더 꽃다운
귀여운 속앓이
다시 은행잎 지고 있다.

일기장 속으로
들어가고 싶어요
속삭이는 소리.

마 성 희 시인, 수필가 (은행 30년근무)

박신정

耳順에

새 한 마리
울지 않는
산 속

졸졸
흐르는 물 소리가
깊다

굴참나무 우거진
노을 속에
잠시
앉아 있으려니

굽은 등에
벌겋게 새겨지는
耳順의 烙印

검붉은 햇살이
한줌 재로 들어와 박혀
歸門을 열고 있다.

박 신 정 시인, 수필가, 평론가

하나로 선
-사상과 문학 시인선-

가을 속으로

초판1쇄발행 2022년 1월 14일

지 은 이   이금자
펴 낸 이   박영률
펴 낸 곳   하나로 선 사상과 문학사
인쇄기획   엔 크

출판등록 제2012-000301호
주   소 서울시 마포구 토정로198 영풍@ 101동 상가 204호
전   화 02) 326-3627
팩   스 02) 717-4536
메일주소 holyhill091@hanmail.net

ISBN 979-11-88374-35-9 03810
정   가 12,000원

*인지는 저자와 합의하에 생략하며 잘못된 책(파본)은 교환해 드립니다.